# बूँद

पूर्णिमा संघी 'इमा'

Cover Art: Prachi Mittal
   Front Cover: "Twilight" (Acryl on Canvas)
   Back Cover: "Dawn" (Acryl on Canvas)

Drawings: Prachi Mittal

# दो शब्द

बूंद भी एक अनोखी चीज़ है। मिट्टी पर गिरे तो महकती है, पत्तों पर मोती की तरह चमकती है। बारिश बनकर गिरे तो खुशी से उछलने का मन करता है, और आँसू बनकर गिरे तो दिल थामने का। वैसे तो छोटी सी है लेकिन बड़े बड़े सागर भी उसी से निर्मित हुए हैं।

देखूं जो सैलाब आते मैं पर्वत से,
तो लघुता अपनी छिपा जाती हूं,
माना के अस्तित्व है कुछ नहीं मेरा,
पर अपने होने पे इतराती हूं।

कुछ इसी तरह का फ़लसफ़ा इस किताब में आपको पढ़ने को मिलेगा। इसके अलावा आध्यात्म की गुत्थियाँ, प्रकृति की पूजा, जीवन का संघर्ष, निराशा का अंधेरा, आशा की किरणें, और रिश्तों की उलझ-पुलझ भी मिलेगी।

और किताब के बिल्कुल आख़िर में "प्रेरणा" वाले हिस्से में वे कविताएँ भी मिलेंगी जो हमारे समाज की कुछ प्रसिद्ध रचनाओं से प्रभावित हो कर लिखी गई हैं। मैंने तो क्या ही लिखी हैं, उन्होंने स्वयं मेरी क़लम को माध्यम चुना है। और यही तो काव्य में होता है कि मन के अंदर के भाव, दिमाग़ के अंदर की उधेड़-बुन इतनी प्रबल हो जाती है कि अपने-आप उमड़ कर बाहर आ जाती हैं, आप रोकना भी चाहो तो नहीं रुकतीं।

हिन्दी के काव्य में बहुत से महान कवि-कवयित्रियाँ हुए हैं जिन्होंने कालजई रचनाएँ की हैं। यह पुस्तक उन सभी के सामने नतमस्तक होने का एक प्रयास मात्र है। अतः इस पुस्तक में अंकित रचनाएँ हिन्दी काव्य के अथाह सागर में मात्र एक बूंद के समान हैं। सभी प्रिय पाठकों से मेरा अनुरोध है कि अपना बहुमूल्य समय देकर इस पुस्तक को पढ़ें एवं इसकी रचनाओं के अर्थ को विस्तार प्रदान करें।

धन्यवाद!

पूर्णिमा संघी 'इमा'
अप्रैल 2025, मोदीनगर

# अनुक्रम

अर्चना

## याचिका

अंततः स्वीकार कर
विस्तार में हुंकार भर,
बन संगिनी मेरी सदा,
न अब मेरा प्रतिकार कर।


मैं मर्म दूं, तू शब्द दे,
हर शब्द को एक अर्थ दे,
जिसको अधर छू न सकें,
स्याही से उसको हर्फ़ दे।


दिवनंत की हर गूंज ले,
हर नव-सुगंध भी ढूंढ ले
उड़ती तपन से सूख कर,
पवमान से वो बूंद ले।


त्रियामा का गहन अंधकार भर,
प्रणय का परम सत्कार भर,
सौन्दर्य का जहाँ अंत है,
उस कंदर्प का अहंकार भर।

यौवन से चरमोल्लास चुन,
जरा से वो चिर आभास चुन,
स्वाति नक्षत्र को ताकती,
उन सीपियों की प्यास चुन।

फिर क्या विलक्षण मेल होगा,
विधना का अद्भुत खेल होगा,
भ्रमरों की मधु तद्रूपता का,
व्यंजना से मेल होगा।

# तिनका

मैं एक छोटा सा तिनका हूँ,
न जाने कितने दिन का हूँ।
पर इंसानों से अच्छा हूँ,
अपने जीवन में सच्चा हूँ।
जाने कब मैं कुचला जाऊँ,
मिट्टी का क़र्ज़ चुका जाऊँ।

अपना इतिहास जो बतलाऊँ
तो आश्चर्यचकित रह जाओगे,
अपनी विशाल देह पर भी
शायद तुम फिर शरमाओगे।

अस्तित्वहीन होकर के भी
मैंने अस्तित्व निभाया है,
रावण की दुष्ट अभिलाषा से
सीता का शील बचाया है।
दृढ़ता से दीवार बना,
उस पवित्रता के काम आया,
रावण से दुष्ट पापी से भी
न पल भर को मैं घबराया।

पर कैसे इंसान हो तुम?
खुद पर लज्जा नहीं आती है!
तुम मूक देखते रह जाते
असमतें लूट ली जाती हैं।

मैं तो छोटा स तिनका हूँ,
तेरे आस-पास ही रहता हूँ।
तुझको निहारता प्रतिपल मैं,
तेरी हर हरकत सहता हूँ।

पर ईश्वर का वरदान हो तुम!
क्या इतना नहीं कर सकते?
नारी सम्मान दिलाने को
क्या एक क़दम नहीं बढ़ सकते?

## निर्मल जल

क्या हूँ मैं?
बस निर्मल जल।
उतनी ही मधुर,
जितनी कि तरल।
बस बहती रहती हूँ पल पल,
जहाँ मार्ग दिखे
वहीं जाऊँ निकल।
कभी इधर चलूँ,
कभी उधर संभल,
हर एक दिशा में
बहूँ कल कल।
जो लगे सरल,
उसे करूँ अमल,
हर राह मुझे दिखती संबल।

इन राहों में चलते- चलते,
पर्वत विशाल भी आते हैं,
कभी दिशा बदल, कभी चीर उन्हें
मुझ सम नवमार्ग बनाते हैं।
अब आगे बढूँ प्रतिपल निश्चल।
है मार्ग सुगम
दिखता उज्ज्वल,
संरूप सखा दिखते चंचल,
वो जल धाराएं
अगल बगल।

उनमें कुछ धाराएं
बनीं सहायक,
कुछ बन के वितरिका
निकल गईं,
कुछ मुझमें होकर के विलुप्त,
अपना स्वरूप ही बदल गईं।
अस्तित्व विशाल करके अपना
इठलाती चलूँ मैं,
करूँ हलचल,
रवि की किरणों से वाष्प बनीं,
फैलाती घटा मैं
नभ, जल, थल।

# स्वरणेंद्र

कुछ रश्मियां जब मौन से
हैं चीरती आकाश को,
वो खेलती फिर धरा पर
हैं बिखेरती प्रकाश जो ।

हो प्रफुल्लित मन मेरा
फिर बोलता स्वर्णेंद्र से,
तेरी कला व दिव्यता
छिपी मनुज न विश्वेन्द्र से ।

ये दिवा क्या ये रात्रि भी
तेरी कला से जागती,
है चंद्र में तेरी छवि
जो सब दिशाएं ताकती ।

तेरा बड़ा उपकार है,
वसुधा से अद्भुत प्यार है,
अमृत जो पीता क्षीर से
हर जीव का आधार है ।

तुझसे हरित प्रभात है,
रैन और दिवस का साथ है,
शीत में ज्यों ऊष्णता का
एक सुखद एहसास है।

ज्यों स्वर्ण तेरा वर्ण है,
व शुद्ध अंत:कर्ण है,
दिग है भरा मयूख से,
पथ तेरा अग्निवर्ण है।

स्वर्णों में अद्भुत स्वर्ण है,
कौंतेय में तू ही कर्ण है,
हर कल्प को तू पर्ण है,
पथ तेरा अग्निवर्ण है।

## आत्म-परमात्म

जाने कहाँ किस मोड पर
ये राह तुझ तक जाएगी,
या फिर बिना तुझसे मिले,
वापिस मुझे ले आएगी।

इस आत्म को परमात्म में
जाने विलय होगा कहाँ,
और कैसे फिर यथा,
उससे प्रथक हो जाएगी।

ऊष्ण दिन और शीत रजनी
का प्रणय होगा जहाँ,
उस धरा पर एक सुगंधित
साँझ फिर छा जाएगी।

न स्वर्ण है न श्वेत अब,
अद्भुत सा नव उपमान है,
दुग्ध में केसर मिला सा
वर्ण वो दे जाएगी।

# नाद

एक ज्वाला फूट पड़ी,
धरणी को चीर,
गगन में घुलने को
व्यवहलित हो उठा
हृदय विधा का
नई कथा एक बुनने को।
जो तेज़ ढका था,
तंग कहीं अब,
तीव्र तरल बाहर आया,
गतिशील सक्रियता ने उसकी
चंहु ओर छटा को फैलाया।
तम न जाने कहाँ छिपा,
ज्यों उसका अस्तित्व नहीं,
कहीं तो जय का नाद बजा
और यथार्थ सारंगी कहीं।

## उत्सव

उस विवस्वान से पूर्ण अलंकृत
आज हृदय आकर्श हुआ,
ज्यों शीत-ऋतु की पुष्करणी में
रक्त जलज का दर्श हुआ।

हैं इंद्रधनुष के वर्ण सुसज्जित,
मन-मयूर का नृत्य सुखद,
विलय से कोकिल गुंजन के हुआ,
प्राणवायु, अनुराग वृहद।

प्रिय हास्य, मनोहर भाषण से
है गूंज रही जस दिशा-दिशा,
बिरहन संध्या व्यतीत हुई,
है ताक रही अब प्रेम निशा।

# प्रकृति

सरसराहट सी सरस सरिता में होती,
जब कमल सी कोमालांगा मुख कर से धोती,
है पवन भी पत्र-पुष्पों से सुसज्जित,
कर रहे हैं खग-विहग भी गान अर्पित।

देखकर दृश्य मनोहर मेघ गरजें,
निज प्रेम-प्रत्यार्पण को रिमझिम बूंद बरसे।

एक दिव्यता सी दिग-दिगम्बर में दमकती,
गिरि के शिखर पर नर्तकी किरणें थिरकती।

सब कलाएं, काम और कंदर्प ज्यों,
स्वर्ग से आकर सरि में खिल रहे हों,
एक नया उत्साह उस उपवन में मानो
आह्लाद और प्रकृति प्रणय में मिल रहे हों।

# बूंद

बादल के अंदर घरौंदा है मेरा,
मैं उड़ती हूं उसमें समा जाती हूं।
देखूं जो मां धरती प्यासी है फिर से,
तो छलका के आंसू बरसा जाती हूं।

गिरती जो बालक की नाजुक हथेली पे,
तो करके अठखेली मुस्काती हूं,
भोली सी आंखें जो देखें अचंभे से,
वात्सल्य रस में नहा जाती हूं।

गिरती कभी जो मैं इठलाती नदियों में,
तो उसके जल में मिल सुस्ताती हूं,
पी से मिलन को चली मतवाली संग,
सागर में फिर लुप्त हो जाती हूं।

गिरती कभी जो मैं नीरस शिला पर,
पल भर में व्याकुल सी हो जाती हूं,
सूरज के गर्मी जो झुलसाए मुझको,
तो बैठूं पवन पे फिर लौट आती है।

देखूं जो सैलाब आते मैं पर्वत से,
तो लघुता अपनी छिपा जाती हूं,
माना के अस्तित्व है कुछ नहीं मेरा,
पर अपने होने पे इतराती हूं।

मैं छोटी सी बूंद प्यासी हूँ नेह की,
पर सब की प्यास बुझा जाती हूं,
आई हूँ अंबर से छल छल छलकती,
कि प्रेम जगत में फैला जाती हूं।

# चुप्पी

छा गया मौन।
हर साँझ भौर,
खो गया किधर
पंछी का शोर।

हर दिशा हुई
क्यों क्षुब्ध भला,
ना दिखे कहीं
सागर का छोर।

सब रंग धूमिल हो गए
ज्यों तारे नभ में सो गए।
भँवरों ने चुप्पी साध ली
फूलों ने खुशबू बांध ली।

ज्वार संग लहरे उठी
अर्श चूमा, थम गई।
श्वास की डोरी में मानो
प्राणवायु बंध गई।

खोज

## खुद की खुद में खोज

अस्तित्व की इस दौड़ में,
छोटे-बड़े की होड़ में,
सच-झूठ के इस जोड़ में,
ये कहाँ मैं खो गया हूँ?

मैं तेरा मन ढूँढता तुझको ही तुझमें
तीव्रता से आगे बढ़ते तीव्र युग में,
खोजता पीछे छूटा कुछ खुद ही खुद में,
कौन सी इस नींद में मैं सो गया हूँ?
ये कहाँ मैं खो गया हूँ?

ये जहाँ विश्वास अविश्वास पर है,
है जहाँ दिन बीतता एक आस पर है,
कल छुएंगे आसमां, एक प्यास भर है,
ये किस सुनहरे स्वप्न में मैं खो गया हूँ?
ये कहाँ मैं खो गया हूँ?

खोज

धूप ही बस धूप है, छाया नहीं है,
इस दौर में संग खुद का भी साया नहीं है,
पीछे किसी के चलना भी भाया नहीं है,
जल तप के अब तो कोयला सा हो गया हूँ
ये कहाँ मैं खो गया हूँ?


चलता ही रहता कभी रूकता नहीं हूँ,
हूँ सही या फिर ग़लत, झुकता नहीं हूँ,
हूँ तो इसी दौर का, भले पुख्ता नहीं हूँ,
ये कौन सी लहरों में खुद को धो गया हूँ?
ये कहाँ मैं खो गया हूँ?


चाहता हर चीज़ को मैं वश में करना,
चाहे पर्वत हो या नदियाँ और झरना,
बस पूरी धरा पर अपना ही अधिकार करना,
ये कैसी निष्ठुर नीति में शामिल हो गया हूँ?
ये कहाँ मैं खो गया हूँ?


सोचता हूँ खुद को इनसे दूर करना,
छोड़ दूं अब खुद से डरना और लड़ना,
जूझता हूँ सोचकर ये ही मैं वरना
सड़कों पे उड़ती धूल सा मैं हो गया हूँ
ये कहाँ मैं खो गया हूँ?

बस एक उपाय अब तो मुझको सूझता है,
कैसे पाऊँ खुद को कुछ कुछ बूझता है,
मुक्ति पाने के लिए पन जूझता है,
बस इसी धुन में मैं अब तो हो गया हूँ।
ये कहाँ मैं खो गया हूँ?

जाऊँ प्रकृति की गोद में, मैं सोचता हूँ,
अपनों के साये में मैं खुद को खोजता हूँ,
भटकूँ नहीं इस भीड़ में, खुद को रोकता हूँ,
पर भौतिक जगत के शोर में गुम हो गया हूँ,
ये कहाँ मैं खो गया हूँ।

## चाहत

पंछी ओ पंछी, पंख फैलाकर
ले जा मुझको संग उड़ाकर,
इस स्थिर जीवन से उकताकर
तेरे संग मैं उड़ना चाहूँ।

भीड़-भाड़ से ऊब चुका हूँ,
ढलते सूरज सा डूब चुका हूँ,
अब इस दुनिया से नज़र बचाकर,
तेरे संग मैं उड़ना चाहूँ।

सब परिवर्तन झेल लिए हैं,
जाने क्या क्या खेल किए हैं,
शान्त अर्श की शीतलता में,
अब तेरे संग मैं उड़ना चाहूँ।

जीवन रस भी चखकर देखा,
हर पग पर धोखा ही धोखा,
अब कुछ पल इन सबसे हटकर,
तेरे संग मैं उड़ना चाहूँ।

पंछी तू तो स्वच्छंद जिया है,
जाने तूने क्या कर्म किया है,
तुझ सा ही जीवन जीने को
तेरे संग मैं उड़ना चाहूँ।

## मन का पंछी

तोड़ चला ये पंछी पिंजरा
उड़ता नील आकाश,
किसकी इसे तलाश,
न जाने कोई इसकी प्यास।

तीव्र गति से उड़ता जाए,
क्या लेगा कोई मोड़,
बस चहक-चहक कर चलता जाए,
न जाने किस ओर।

क्या सूरज की तीव्र किरण से
इसको जलना होगा?
या फिर इसे बचाने को
इस दिन को ढलना होगा?

कभी धूप और कभी अंधेरा
ये सब कुछ सह लेगा,
जिधर भी होगा हवा का फेरा,
उधर को ये बह लेगा।

पर क्या अपने जीवन लक्ष्य को
दे पायेगा कोई नाम,
बस पंख फैलाए उड़ता जाए,
है इससे अनजान,
है इससे अनजान,
ये पंछी न जाने अंजाम।

खोज

क्या निशा चंद्र की शीतल किरणें,
इसे सहारा देंगीं ?
अर्श में डूबे इस राही को
कोई किनारा देंगीं ?

भाग्य के इस लेखे को
ये कैसे जानेगा?
कौन मिलेगा सच्चा साथी
कैसे पहचानेगा?

तारों के मद्धम साये में
शायद कोई राह मिलेगी,
आगे बढ़ते रहने से ही तो
अब बात बनेगी।

बस धीरे-धीरे गतिमान ये
रात बीत जाएगी,
भोर की पहली पहर
निशा को प्रीत से सहलाएगी।

तब दो प्रहरों के संगम में
पंछी का गीत घुलेगा,
लगता है इस बावरे को फिर
बिछड़ा मीत मिलेगा,
कोई बिछड़ा मीत मिलेगा।

## अनजान पथिक

एक पथिक हूँ
भूला, भटका, थका, हारा
एक पथिक हूँ।

नया जाने किस दिशा से आया
कौन देश को जाऊँगा,
खोने को कुछ पास नहीं,
बस जो मिल जाए, पाऊँगा,
मैं एक पथिक हूँ।

कोई मुझे भिखारी कहता,
कोई कहता आवारा,
पर मैं सबसे धनी हूँ भाई
मेरा अपना जग सारा,
मैं एक पथिक हूँ।

किस माता ने जन्म दिया
है कौन पिता मेरा प्यारा,
जब से खुद को पहचाना,
तब से हूँ ऐसा ही न्यारा,
मैं एक पथिक हूँ।

तुम जो दे दो खा लेता हूँ,
वरना रात बिता लेता हूँ,
बारिश में कभी नहा लेता हूँ,
ये जीवन का क्रम सारा,

खोज


मैं एक पथिक हूँ।
भूला, भटका, थका, हारा,
मैं एक पथिक हूँ।

अपना कोई नाम नहीं,
करने को कोई काम नहीं,
पर कम अपनी भी शान नहीं,
करे ठिठोली जग सारा,
मैं एक पथिक हूँ।
भूला, भटका, थका, हारा,
मैं एक पथिक हूँ।

दुनिया से बड़ा प्यार मिला है,
तन मानो उपहार मिला है,
जीवन भी जैसे उधार मिला है,
जिसमें देखा जग सारा,
मैं एक पथिक हूँ।
भूला, भटका, थका, हारा,
मैं एक पथिक हूँ।

एक दिन यूँ ही सो जाऊँगा,
इसी भीड़ में खो जाऊँगा,
दूर जगत से हो जाऊँगा,
जैसे बहती जल-धारा,
मैं एक पथिक हूँ।
भूला, भटका, थका, हारा,
मैं एक पथिक हूँ।

## क्षितिज तक

अनजान क्षितिज को जाना है
कुछ खोना है, कुछ पाना है,
अनजान क्षितिज को जाना है।

शीतल जल सा हृदय मेरा
अरे बड़ा मनमाना है,
बस एक हठ करके बैठा,
अनजान क्षितिज को जाना है।

माना कि दूर बहुत है वो
ना उसका कोई रस्ता है,
पर सबकी साँसों का स्वामी,
शायद उसमें ही बसता है।

हो सकता है चलते-चलते
इस जीवन को खो जाना है,
पर ये मस्त पवन सा हृदय मेरा
अरे बड़ा मनमाना है।
कहता है बस बार-बार
अनजान क्षितिज को जाना है।
कुछ खोना है, कुछ पाना है,
अनजान क्षितिज को जाना है।

वो पार किसी सागर के है,
न उसका कोई किनारा है,

खोज


पर अभी तो राहों में अपनी,
बस छोटी नदियों की धारा है।

इन छोटी-मोटी उलझन को तो
बस कुछ पल में सुलझाना है,
आगे चलकर फिर बड़े-बड़े
संघर्षों से टकराना है।
बस अडिग ठान कर बैठा है,
ये हृदय बड़ा मनमाना है।
अनजान क्षितिज को जाना है।
कुछ खोना है, कुछ पाना है,
अनजान क्षितिज को जाना है।

सुनते हैं इस जीवन पथ पर
तूफ़ान बहुत ही आते हैं
कुछ इनसे लड़ते चलते हैं
कुछ इनमें ही खो जाते हैं।
इन तूफ़ानों से आगे बढ़कर
पर्वत सा बन टकराना है,
चीर के इन तूफ़ानों के
एक नव मार्ग बनाना है।

पूरे कर लेगा स्वप्न सभी
अगर ये इसने ठाना है,
बस एक ही हठ करके बैठा
अनजान क्षितिज को जाना है।
कुछ खोना है, कुछ पाना है,
अनजान क्षितिज को जाना है।

## मंज़िल

है रात बड़ी लंबी
और दूर बहुत मंजिल,
है चाँद कहीं खोया
स्याह दूर घन अँधेरा।

जुगनू को लेके संग में
निकली हूँ मैं सफ़र पर,
कहीं उम्र बीत जाए
जाने हो कब सवेरा।

## कश्मकश

लेकर उबासी
रात ये कहती कि
थोड़ा ऊँघ ले,
छोड़ सारी कश्मकश अब
तू भी आँखे मूँद ले।
वो है कहीं बेफिक्र फिर तू
फिक्र में क्यों जागती,
परदे हटा खिड़की से क्यों
सुनसान रस्ते ताकती।
अनकही बेचैनीयों को
कंठ में ही रूँध ले,
छोड़ सारी कश्मकश
अब तू भी आँखे मूँद ले।

## समयगामी

किस ओर तू ले जा रहा है?
हे मनमाने समय!
तू क्या दिखाना चाह रहा है?
किस ओर तू ले जा रहा है?

एक तरफ़ तो गर्त और दूजी तरफ़
बीहड़ वन नज़र आ रहा है।
किस ओर तू ले जा रहा है?

ये बता इस गर्त में,
क्या छिप रहा है?
बस सूनापन और घना
अंधेरा दिख रहा है,
है हक़ीक़त इसमें कोई बात होगी,
या तो सवेरा
या अंधेरी रात होगी।

दोनों में से है क्या
नज़र नहीं आ रहा है,
हे द्वार के प्रहरी! बता
किस ओर तू ले जा रहा है?

खोज

दूजी तरफ़ ये वन
जो धूमिल हो गया है,
सूर्य की किरणों से
भूँजित हो गया है।

तपता हुआ बस रात के इंतज़ार में
स्वर्ण उस आकाश के दीदार में
हर पल ही जलता जा रहा है,
किस ओर तू ले जा रहा है?

हे दोस्त!
तुझसे प्रार्थना मेरी है प्रतिपल,
इस अंधेरे गर्त में
दीपक जला दे,
चाहता जो तपन
वन की दूर करना,
तो स्वर्ण उस आकाश में
घनश्याम छा दे।
मान मेरी बात
क्यों इठला रहा है,
कर दे सुगम
जिस पथ पे तू ले जा रहा है।
दिखा दे किरण
जिस ओर तू ले जा रहा है।

## आशाओं के दीप

दीप आशाओं के हम
जलाते चले ,
उम्र भर राहों को
जगमगाते चले।
ध्यान उनका मगर
बस अँधेरों पे था ,
पथ जो कारे थे
हमको गिनाते चले।
दीप आशाओं के हम
जलाते चले,
उम्र भर राहों को
जगमगाते चले।
नजरें अपनी भी पर
दूर मंजिल पे थी ,
पथ की दुश्वारियां भी
टिकी दिल पे थी।
मूँदकर आँख पग -पग
बढ़ाते चले
वो गिनाते रहे
हम भुलाते चले।
दीप आशाओं के हम
जलाते चले ,
उम्र भर राहों को
जगमगाते चले।

## वक्त और ज़िन्दगी

हर रोज़ ज़िन्दगी को
भर भर समेटती हूँ,
हाथों से रेत सी ये
पर निकली जा रही है ।
हूँ दौड़ती बहुत मैं
की रोक लूँ समय को,
पर वक्त की ये गाड़ी
बस निकली जा रही है ।
हैं काम भी बहुत से
करनें अभी जो बाकी,
फ़ेहरिस्त भी ये उनकी
अब छिछली जा रही है ।
एक सर्द दिन के जैसी
छोटी सी ज़िन्दगी ये ,
हर घूंट में समय की
बस निगली जा रही है ।

## छलांग

दिखा सागर की मछली वो
कहें छलांग दो ऐसी
करूँ कोशिश तो टकरा कांच से
फिर तल पे गिर जाऊँ।

अजी शीशे का बक्सा घर मेरा
प्यारा है पर नाज़ुक
जो देखूँ चित्र बाहर ताल का
झलक सागर की मैं पाऊँ।

समंदर से कहीं ज़्यादा
मेरे भावों की गहराई
यहीं विस्तार है मेरा
इन्हीं में मैं सिमट जाऊँ।

दिखाना है तो दिखलाओ
ज़रा सागर की मछली को
लगा दे काँच में छलांग यूँ
तो मैं समझ जाऊँ।

# दर्शन (फ़लसफ़ा)

## एक क़दम

समय तो यूँ ही फिर बीतेगा
तुम मिट्टी में मिल जाओगे
पर क्या छोड़ोगे, कुछ सोचा है?
जो आगे आने वालों को दे जाओगे?

क्यों ईश्वर के दिए हुए
वरदान को न अपनाते हो?
क्यों प्रतिभाओं को दफ़न किए
यूँ गहरी नींद सो जाते हो?

बुज़दिल बनकर जियो नहीं,
समय का साक्षात्कार करो,
प्रतिभा अपनी करो उजागर,
न उसका प्रतिकार करो।

आज समय है कल न होगा,
हर पल यूँ ही बीतेगा,
एक बात जान लो समझ लो तुम
एक दिन ये रैन बसेरा छूटेगा।

तो कहता हूँ हे दोस्त मेरे,
हर क्षण को जीना सीखो तुम,
अपनी खुशबू को फैलाकर
दुनिया से खुशियाँ लूटो तुम।

रंग डालो सबको खुद में ही,
संसार तो एक अजूबा है,
जिस रंग में इसको देखोगे,
ये उस ही रंग में डूबा है।

अपने भावों को प्रकट करो,
हर बात जो जितनी गहरी है,
तेरा मन तेरा साथी है,
इसका न कोई प्रहरी है।

तितली जैसे स्वच्छंद बनो
जो फूल-फूल पर मंडराती,
चुन-चुन कर फूलों से खुशबू
वो इधर-उधर है फैलाती।

चलो उठो मेरे संग में,
आओ दुनिया का भ्रमण करें,
जो कुछ भी अच्छा लगे जहाँ,
उसको खुद में हम ग्रहण करें।

# जीवन: एक विरोधाभास

हर वेदना प्रसंग है,
संवेदना का अंग है,
व्यापक हो या कि गौण हो,
जीवन तो बस एक छंद है।

हर हास में परिहास है,
हर दर्द में एक आस है,
हो हर्ष या विषाद हो
जीवन तो एक आभास है।

हर प्रारंभ एक अंत है,
जिज्ञासाएँ अनंत हैं,
हो क्षोभ या विक्षोभ हो,
सब जीवन पर्यंत है।

हर भाव में अभाव है,
विस्मृतियों का प्रभाव है,
हो स्वप्न या जीवंत हो,
जीवन का ये स्वभाव है।

हर छटा में अंध है,
हर आस्था सुगंध है,
हो प्रेम या कि हो घृणा,
मनोवृत्ति से सम्बन्ध है।

हर मूल में आकर्ष है,
हर कर्म में आदर्श है,
हो गूढ़ या कि हो सतही
जीवन का चरमोत्कर्ष है।

हर बात एक विचार है,
हर आकार एक प्रकार है,
हो तरंग या कि हो गति,
बस ऊर्जा का संचार है।

हर राग में अनुराग है,
हर एक व्यथा में आग है,
हो त्याग या कि लिप्त हो
जीवन तो एक सौभाग है।

## समय

क्या आपके पास समय है, कुछ सोचने का?
अपने अंतर्मन में कुछ खोजने का?
अपनी गलतियों को सुधारने का,
अपनी आस्था पर विचारने का।

क्या आपके पास समय है?
सच मानने का,
लक्ष्य पर जीवन के भौंह तानने का,
है सही क्या है गलत, ये जानने का,
क्या है सच क्या झूठ, ये पहचानने का।

क्या आपके पास समय है?
सच बोलने का,
कर्मों को न्याय-तुला में तोलने का,
जीवन-पथ की हर बुराई छोड़ने का,
झूठे अहम की हर शिला को तोड़ने का।

क्या आपके पास समय है?
हर रंग को अपने ही रंग में ढालने का,
अपने परम कर्तव्यों को संभालने का,
बिखरी छिटकी चीज़ों को समेटने का,
पल भर भी सत्आनंद से लेटने का।

क्या आपके पास समय है?
जीवन संघर्षों के सच से जूझने का,
अपनी ही उलझी हुई पहेली बूझने का,
बातों को शब्दों में अपने वाँचने का,
मिट्टी को अपनी कला से साँचने का।

क्या आपके पास समय है?
वास्तविकता को जगत में बांटने का,
रद्दी से ज़रूरी काग़ज़ों को छाँटने का,
नज़रों ही में हक़ीक़त ताड़ने का,
अपनी जमाई धूलियों को झाड़ने का।

क्या आपके पास समय है?
रिश्तों में आई वो दूरी नापने का,
हृदय की गहराइयों में झाँकने का,
बीते दुख के क्षणों को भूलने का,
छिपाकर ग़म को खुशी से फूलने का।

क्या आपके पास समय है?
मन की घृणा के बंधन तोड़ने का,
प्रेम में परिपक्व रिश्ते जोड़ने का,
उलझी हुई बातों की गांठें खोलने का,
आनंद को हर एक पल में घोलने का।

# शिकायत

हैं शिकायत हो गई अब खत्म सारी,
है जो बाक़ी बस शिकायत है वो खुद से,
क्यों बिता दी रख शिकायत उम्र सारी?
क्या शिकायत रखके कुछ बदला है मुझसे?!

गर बदलना हो तो बस खुद को बदलना,
न सुबह बदलेगी, न इस दिन को ढलना,
जो पलट कर देखे न पाँवों के छाले,
छोड़ दो हर वक़्त पीछे उनके चलना ।

ये वक़्त भी बीतेगा, न ठहरा रहेगा,
फिर कर शिकायत एक दिन बस ये कहेगा,
हर पल यही बस तुमको मैं समझा रहा था,
चल साथ मेरे बस यही बतला रहा था ।

साथी मेरे तूने मेरी एक न मानी
फिसला मैं अंजुरी से ज्यों बालू व पानी,
पर साँस हैं तुझमें मैं तब तक साथ दूंगा,
हो शिकवे तेरे दूर, खुद से आस दूंगा ।

## आदत

हम दिन भर सच की
एक झलक पाने के लिए भागे,
तो वो रात भर उसे
छिपाने के लिए जागे।

तो हुआ यूँ
ऐसे बदली ये सूरते आदत,
कि हमने दिन में भागना छोड़ दिया
और उन्होंने रात भर जागना छोड़ दिया।

## यंत्रणा

यें यंत्रणाएं जीव पथ की,
मंत्रणाएं हैं बड़ी।
न हो भले तेरी स्वीकृति,
पर लिए इन्हें नियति खड़ी।

हर यंत्रणा एक यंत्र सम्,
प्राकृत से दीक्षित मंत्र सम्,
करे दूर भ्रम अभिमान का,
व चित्त को कंदर्प सम्।

कभी सूक्ष्म, कभी स्थूल हैं,
निजवृत्ति से प्रतिकूल हैं,
उपासक हैं यें कर्मत्व की,
लक्ष्यत्व के अनुकूल हैं।

# कौन बड़ा

कभी वृहद लघु और गौण  बड़ा
कभी शब्द बड़े कभी मौन बड़ा,
कभी अस्त्र शस्त्र भी व्यर्थ हुए
जब मृदु वचनों ने युद्ध लड़ा ।
इस जिज्ञासा से हृदय भरा,
कैसे हो निर्णय कौन बड़ा ?

ना अंधकार हो तो कैसे
महिमा मंडित हो दिवस तेरी ?
न दिनेश तपन से झुलसाए,
तो मिट जाए छवि चंद्र तेरी ।
अति कर्म भी निष्फल हो जाए
तो विकल्प अल्प संकल्प बड़ा,
कैसे हो निर्णय कौन बड़ा?

कभी मिथ्या वृहद, लघु शाश्वत है
कभी नश्वर तो कभी प्राकृत है ।
नीति अनीति सम, धर्म  अधर्म
भाग्य से बढ़कर लड़ा कर्म ।
आकृति लघुतम अस्तित्व बड़ा,
कैसे हो निर्णय कौन बड़ा ?

है प्रश्न लघु विस्तार बड़ा
कैसे हो निर्णय कौन बड़ा ?
कैसे हो निर्णय कौन बड़ा ?

## प्रभात

बस यहीं पर अंत है
सब काल का षड्यन्त्र है,
एक क्षण में युग को गूँथ लो,
हर भाव एक परितंत्र है।

अन्तर में कैसा द्वंद है,
जीवन तो बस एक छंद है,
सरगम का हो या राग का,
वीणा से ज्यों सम्बन्ध है।

हतप्रभ सा क्यों हर रोम है,
विस्मित सा शून्य व्योम है,
अंधकार में विषतुल्य सब,
अन्यथा तो ये रस सोम है।

क्यों क्षुब्ध सी ये रात है,
बस दो प्रहर की बात है,
कौमुद-प्रभा के विलय में,
उदीप्त फिर प्रभात है।

# योग

हो हृदय में पीड़ा तीव्र कहीं,
अपना कोई छूट जाए तो,
चलता फिर ये तन मानो
हो प्राण रहित रुक जाए ज्यों।

बस धड़कन चलती रहती है
इनको रुकना नहीं आता है,
है अर्श वहीं पर ठहरा ज्यों
उसको झुकना नहीं आता है।

हर दिशा की रंगत बदल रही
न इंद्रधनुष का अता पता
पंछी का गायन बंद हुआ ज्यों
सुर छीने कोई उन्हें सता।

## अलमारी

चलो मनों की अलमारी को
आज सँभालेंगे मिलकर
फटे पुराने व्यर्थ के क़िस्से
बाहर निकालेंगे चुनकर।

वर्तमान के खट्टे-मीठे
पल जो इधर-उधर बिखरे
बाहर फैली सारी खुशियाँ
बिन सँभले कैसे निखरे।

एक साथ सबको  रखकर फिर
तहें लगा लेंगे मिलकर
रंगीन डोलियों से जीवन की
इन्हें सजा लेंगे गिनकर।

छोटी-मोटी अच्छी-खोटी
यादें सिमटीं गट्ठर बनकर,
बाहर निकालें अहम की तारें
पड़ी मुसी, उलझी तनकर।

घिसी-पिटी बातों की रही
से इनको आज़ाद करें,
सपने कुछ नए सजाने को,
इसके सब खानें साफ़ करें।

# दर्पण और प्रतिबिम्ब

जो तेरी नज़र से देखूँ तो
खुद पर भी प्यार सा आता है
ये रूप अनोखा लगता है
नव-यौवन सा भर जाता है।

तू दर्पण मैं प्रतिबिम्ब तेरा
क्या हूँ मैं मुझको भान नहीं
बस मान लिया जो तूने कहा
जो तूने दिखाया रूप मेरा।

# कल

सोचती हूँ कल करूंगी,
काम सब बाक़ी हैं जो,
पर सुबह जब जागती
आज ही मिलती मुझे।

वो कल कभी आई नहीं,
आई तो कब कल बन गई,
मुझको पता भी न चला,
मैं आज में उलझी रही।

नारी

## दीवारें

मैं घर की चार दीवारी हूँ।
जिन लोगों के संग रहती हूँ,
उनके सब सुख-दुख संग सहती हूँ,
पर अब तो लगता है मुझको,
अपने जीवन की लाचारी हूँ,
मैं घर की चार दीवारी हूँ।


ए नई पड़ोसन बता मुझे,
तू इतना क्यों इठलाती है,
अपना नव रंग-रूप दिखला
क्यों हर पल मुझे चिढ़ाती है।
मेरी उम्र तो अब बीत चुकी,
तेरे आगे मैं बेचारी हूँ,
मैं घर की चार दीवारी हूँ।


जब से इस दुनिया में आई
मैंने हर मौसम को झेला है,
मैं प्रत्यक्ष गवाह हूँ उस सब की
जो मेरे मालिक ने झेला है।
जीर्ण शीर्ण होकर भी मैंने
उसका साथ निभाया है
इस बात की मैं अहंकारी हूँ,
मैं घर की चार दीवारी हूँ।

नारी


तू तो नई हवेली है,
तू दुल्हन नई नवेली है,
मालिक ने तुझे सजाया है,
कोना-कोना संगवाया है।
तू अभी सपनों में जीती है,
पर मैं हर अनुभव की मारी हूँ,
मैं इस घर की चार दीवारी हूँ।

मैं भी एक दिन भव्य सी थी
दिखती बड़ी ही प्यारी थी,
हर ईंट पे रंग चढ़ा था मेरी,
इस नगर में सबसे न्यारी थी।
मैं भी खुशियों से हँसती थी,
पर आज दुखों से हारी हूँ,
मैं घर की चार दीवारी हूँ।

तू मेरी छोटी बहन सी है,
तुझको एक बात बताती हूँ,
कभी न खुद पर इतराना
बस यही तुझे समझाती हूँ।
मैंने खुद न ये अमल किया
बस इस अफ़सोस की मारी हूँ,
मैं इस घर की चार दीवारी हूँ।

मेरे मालिक ने भी मुझको
एक दिन यूँ ही खूब सजाया था,
आँगन में भी बगीची लगा
पुष्प बेलों से लहराया था।

नारी

पर आज रंग भी उतर गया,
खंडहर सी दिखती न्यारी हूँ,
मैं घर की चार दीवारी हूँ।

तू तो नादान है भोली सी
दुनियादारी को क्या जाने,
तुझ में जोश लड़कपन का,
थकी हारी मुझे क्या पहचाने?
मैं तो जाने कब गिर जाऊँ,
बूढ़ेपन की गहन बीमारी हूँ,
मैं इस घर की चार दीवारी हूँ।

बूढ़ी होकर भी मैं तुझको,
जीवन का सार बता दूँगी,
अपने अनुभव की पुस्तक से
कुछ ज्ञान के पाठ पढ़ा दूँगी।
तू पुष्प चुने तो बगिया हूँ,
अन्यथा मैं सूखी क्यारी हूँ,
मैं इस घर की चार दीवारी हूँ।

ए प्रिय सखी तू ध्यान से सुन,
तू मुझको अपनी लगती है,
तेरे सामने जाने क्यों
हर बात हृदय से निकलती है।
शायद सब सखियाँ छोड़ गई,
यूँ अकेलेपन की मारी हूँ,
मैं इस घर की चार दीवारी हूँ।

नारी


अपने जीवन में बड़े-बड़े
तूफ़ानों से टकराई हूँ,
जल, हिम या अंगारे बरसें
पर कभी नहीं घबराई हूँ।
अडिग खड़ी सब सहन किया,
मैं ऐसी हिम्मत वाली हूँ,
इस घर की चार दीवारी हूँ।

हे बहन मेरी तुझको अपने
जीवन के क़िस्से बतलाऊँगी,
कुछ खट्टे, मीठे और कड़वे
सब अनुभव आज कह जाऊँगी।
तू बस इन्कार नहीं करना,
मैं तेरी बड़ी आभारी हूँ,
मैं इस घर की चार दीवारी हूँ।

मैं बड़ी ही छैल-छबीली थी,
जब मालिक ने मुझे बनाया था,
अज़ब तिमंज़िली इमारत थी
सबको उसने दिखलाया था।
इतना सम्मान दिलाया था
कि आज भी उससे भारी हूँ,
मैं इस घर की चार दीवारी हूँ।

अपने यौवन पर तब मुझको
बड़ा गुमान सा आता था,
जब भी हर उत्सव में मुझको
दुल्हन सा सजाया जाता था।

नारी


तब मुझे निहारा जाता था,
पर आज नज़रों से न्यारी हूँ
मैं इस घर की चार दीवारी हूँ।


मेरी उस सज्जा को देख-देख
सब पड़ोसनें चिढ़ जाती थीं,
आपस में बातें करती थीं,
और मुझको आँख दिखाती थीं।
पर वो रिश्ता भी था अटूट,
उनकी यादों से भी करती मन भारी हूँ,
मैं इस घर की चार दीवारी हूँ।


आज उन्हीं की जगह बनी
कुछ ईमारत बड़ी हसीना हैं,
पर उनके अतीत ने न जाने
कितनों के सुख को छीना है।
उनमें हैं कितने राज़ छिपे
मैं तुझे बताने जा रही हूँ,
मैं इस घर की चार दीवारी हूँ।


जो व्यथा मैं अब बतलाऊँगी
तो तू भी नीर बहाएगी,
जो गहन रात में सोचेगी तो
नींद तेरी उड़ जाएगी।
तुझ नादान को इस ज़रिए मैं
दिखा रही कलुषित दुनियादारी हूँ,
मैं इस घर की चार दीवारी हूँ।

नारी


तेरे पीछे वो खड़ी ईमारत
एक पीली बड़ी हवेली है,
इसके लालच में अपनों ने
अपनों की जानें ले ली है।
हाय! पुत्र ने पिता को मारा,
ये सोच-सोच मैं हारी हूँ,
मैं इस घर की चार दीवारी हूँ।

ये तीन मंज़िल बड़ी हवेली
मुझको तो खूनी लगती है,
पुत्र के हाथों विषपान करा,
जो मालिक के प्राण ले सकती है।
आज भले ही चमक रही
इसको कहती मैं कारी हूँ,
मैं इस घर की चार दीवारी हूँ।

पर इसको क्या दोष मैं दूं,
ये भी भाग्य की मारी है,
जो ऐसे निर्मम मालिक
आज बने इसके अधिकारी हैं।
पर न जाने क्यों इसके प्रति
अपने व्यवहार में खारी हूँ,
मैं इस घर की चार दीवारी हूँ।

तू तो इतने में सहम गई,
अभी तो क़िस्से और अनोखे हैं,
कितने ही राज़ तो ऐसे हैं जो
बस हम दीवारों ने देखे हैं।

नारी


वें राज़ जो कोई न जान सका
मैं खोलूँगी, अभी जारी है,
मैं इस घर की चार दीवारी हूँ।


बाहर से मज़बूत दिखें,
ये ही तो अपनी फ़ितरत है,
जो दिल में लगी वो कह न सके,
ये ही तो अपनी क़िस्मत है।
क्या भीतर घटता दीवारों के,
तुझे कहती कहानी सारी हूँ,
मैं इस घर की चार दीवारी हूँ।


वो सात मंज़िली खड़ी इमारत
दूर से ही दिख जाएगी,
कितनों के इसने घर छीने,
न कभी किसी को बताएगी।
पर मुझ बूढ़ी ने सब देखा,
जो तुझे दिखाने जा रही हूँ,
मैं इस घर की चार दीवारी हूँ।


आज यहाँ ये खड़ी वहाँ पर,
गरीबों की झोंपड़ पट्टी थी,
उगते, ढलते सूरज मुझसे
राम-राम वो करती थी।
पर जिसने उसको कुचला,
उसे कहती मैं अत्याचारी हूँ।
मैं एक घर की चार दीवारी हूँ।

नारी


वो इंसान उसी का मालिक है,
कर्मों में उसके कालिख है,
भले उसकी जय-जय होती है,
पर अच्छाई उस पर रोती है।
बस देख-देख कर मैं उसको,
करती अपना मन भारी हूँ,
इस घर की चार दीवारी हूँ।


वो वहाँ चैन से सोता है,
पर मेरा हृदय तो रोता है,
इतनों का उसने घर छीना,
क्यों उसका अंत न होता है।
प्रतिपल नियति पर अफ़सोस करूँ,
भूली, बिसरी, दुखियारी हूँ,
मैं इस घर की चार दीवारी हूँ।


पर तू इस पर अफ़सोस न कर,
यहाँ तो ऐसा ही होता है,
एक अति तक हँसता है,
तो एक अति तक रोता है।
मैं भी चाहूँ इसे रोक सकूँ,
बन इस जग की रखवारी हूँ,
पर घर की चार दीवारी हूँ।

## माँ

क्या लिखूँ मैं माँ के बारे में,
मेरे कोष में इतने शब्द नहीं
गर गिनो धरा के उपकारों को,
तो रहोगे क्या स्तब्ध नहीं!

है अपने गर्भ में बीज लिए,
वो प्रतिपल उसको ढोती है,
भले बोझ ये कितना भी दुख दे,
पर कभी नहीं वो रोती है।

वो माँ धरणी मुसकाती है,
आँचल अपना लहराती है,
फूटे अंकुर, फिर पौध बने,
फिर वृक्ष विशाल सहलाती है।

इतनी सचेत गतिमान है वो,
नहीं निद्रा उसे सुलाती है,
भले पुष्प झड़ें या कंट लगें
हर वृक्ष को वो अपनाती है।

नारी

अपने पथ पर संबल चलती,
न उसको कोई रोक सके,
भले उल्का कितने टकराएँ,
किंचित न उसको चोट लगे।

हर घाव को मिट्टी से ढककर,
वो दुख के गर्त छिपाती है,
पर दर्द हिलोरे लेता जब,
चुपके से नीर बहाती है।

वो नीर गर्त में भरता है,
मिट्टी को तट फिर करता है,
बनकर धारा फिर सरिता की
हर पथ हरियाली भरता है।

फिर नव-बीजारोपण होता
प्रस्फुटन अंकुरों का होता,
फिर अंक में माँ के पल-बढ़ कर
बन वृक्ष विशाल खड़ा होता।

फिर खेत बने, खलिहान बने,
माँ धरती की संतान बने,
माँ ने जब आँचल लहराया,
पुत्रों को प्रेम से सहलाया।

वात्सल्य नीर से नहलाया,
जो वर्षा का जल कहलाया,
सब शब्द भी माता गौण पड़ें,
व्याख्यान हो कैसे, मौन खड़े!

हे प्राणदायिनी नमन तुम्हें,
क्या गिनें तेरे उपकार बड़े,
जो चले चुकाने ऋण तेरा,
है माता अब वो मौन खड़े।

हे माता शत-शत नमन तुम्हें,
हे प्राणदायिनी नमन तुम्हें।

# विडम्बना

कैसी विडम्बना है
नव आयाम ढूंढती हूँ।
इस भीड़ में गुमनाम
अपना नाम ढूंढती हूँ।

हर युग में जूझती हूँ,
हर बार बूझती हूँ।
हो भेद से रहित जो
वो धाम ढूंढती हूँ।
कैसी विडम्बना है ...

कहते हैं मुझको नारी,
न हार के भी हारी,
है बिन मेरे जो उपजा,
वो ग्राम ढूंढती हूँ।
कैसी विडम्बना है ...

सब प्रेम पर है अर्पण,
है धर्म ही समर्पण,
इसके परे क्या मेरी
पहचान ढूंढती हूँ।
कैसी विडम्बना है ...

## वो अनजान लड़की

किताबों के मुहल्ले में
जो रहती थी वो एक लड़की
के बातों के मुहल्ले का
ना वो दीदार करती थी।
कभी सपनों में खोई सी
कहानी बुनती रहती थी,
कभी कलमों से पृष्ठों का
वो नित श्रृंगार करती थी।

थी आँखों में चमक इतनी
की तारे फीके पड़ जाएँ
खनक से अपनी बातों की
मधुर झंकार करती थी।
वो चेहरा सौम्य था इतना
की मानो फूल और कलियाँ
के रंगों के फिज़ाओं के
वो इतना प्यार करती थी।

नारी


वो निर्मलता थी भावों में
किताबों में थी जो अंकित
पढ़ी जो शिक्षा नीति की
वही व्यवहार करती थी।
ना जानें किस जहाँ से
इस जहाँ तक था सफ़र उसका
जगा कर दीप दिल में
ज्ञान का विस्तार करती थी।

ना जाने है कहाँ खोई
कहीं गुमनाम है शायद
भंवर में वक़्त की उलझी
भंवर जो पार करती थी।
वी एक दिन आएगी वापिस
मेरा विश्वास है कायम
फिज़ा ये फिर से महकेगी
जिसे वो प्यार करती थी।

## जंग

एक जंग भीतर है मेरे
हर पल मैं जिससे जूझती,
है कौन भीतर तंग मेरे
हर रोज़ खुद से बूझती।

एहसास में हर साँस के
उलझन भरी सी है कहीं,
निकली सफ़र में जुबां तक
बातें डरी सी है वहीं।

जो शख़्सियत भीतर मेरे
हूँ कौन? मुझसे पूछती ,
हूँ अब तलक अनजान मैं
भीतर सदा बस गूँजती।

## उधारी का जीवन

एक उधारी का जीवन मैं
जीते-जीते हार गई,
ज़िम्मेदारी का ये प्याला
पीते-पीते हार गई।

बचपन से क़र्ज़ चुकाती आई,
मूल अभी भी है बाक़ी,
हर पल मैं जिसे हटाती आई,
धूल अभी भी है बाक़ी।

नए-नए रिश्तों से बंधकर
फ़र्ज़ निभाना पड़ता है,
जिस भी रिश्ते से आस करूँ,
फिर क़र्ज़ चुकाना पड़ता है।

उम्मीदों पर टिका ये जीवन,
जीते-जीते हार गई,
ये मर्यादाओं का प्याला,
पीते-पीते हार गई।

## बिटिया

डाल गले में बाँहें माँ के
वो बिटिया माँ से बोली,
अभी तो मुझको आगे बढ़ना
नहीं उठा मेरी डोली ।


आज ज़माना बदल गया माँ
मैं चाँद को छूकर आऊँगी,
बेटे के जैसे ही माँ,
तुझको सम्मान दिलाऊँगी ।


भरकर आँखों में आँसू
वो माँ फिर बेटी से बोली,
तेरी इन बातों ने जैसे
कानों में मिश्री घोली ।


हर सपना हो साकार तेरा
मैं भी तो ये ही चाहूँगी,
पर धरती के नरपिशाचों से
कैसे तुझे बचाऊँगी ।

स्वयं

# मेरा हृदय व्योम सा शून्य

मेरा हृदय व्योम सा शून्य
बीच भंवर क्या पाप क्या पुण्य,
नहीं भान क्या इसके भीतर
मेरा हृदय व्योम सा शून्य।

शीत ऋतु के जल सा शीतल,
अंदर सोना बाहर पीतल,
भेद तो कोई जौहरी जाने
मेरा हृदय व्योम सा शून्य।

कस्तूरीधर मृग से चंचल,
प्रेम पगा है इसका अञ्चल,
जिसका कोई मोल नहीं है,
मेरा हृदय व्योम सा शून्य।

इसका कोई स्वरूप नहीं है,
ज्यों प्रेम का निश्चित रूप नहीं है।
ये तो अवचेतन का अनुभव,
मेरा हृदय व्योम सा शून्य।

इसकी प्रभात है बड़ी सुगंधित,
इसकी संध्या भी है वंदित,
इष्ठ निछावर पुष्पों जैसा,
मेरा हृदय व्योम सा शून्य।

तीव्र लहर सम चलता रहता,
मंद पवन के संग में बहता,
इसकी निश्चित गति नहीं है,
मेरा हृदय व्योम सा शून्य।

पंछी के गीतों स निर्मल,
गाता रहता है ये प्रतिपल,
अपने हृदय को स्वयं खोजता
मेरा हृदय व्योम सा शून्य।

## संकल्प

हैं स्वयं रचित
संकल्प कहीं,
अंतर्मन के संघर्ष बड़े।
अद्भुत प्रपंच
जीवन रण का,
कभी शब्द हों चुप
और मौन लड़े॥

स्वयं


## दर्द

क्या करें बात दर्दों की,
वो तो हमने भी झेले हैं,
हमें वो रास यूँ आए,
कि उन बिन हम अकेले हैं।


ज़ख्म हैं इतने गहरे कि
उन्हें दिखला नहीं सकते,
चुभे हैं तीर लफ़्ज़ों के
जिन्हें दोहरा नहीं सकते।


वो लेकर आयें मरहम तो
लगा लेते हैं चुप कर के,
बहे जो दर्द में आँसू,
सुखा लेते हैं छुप कर के।


उड़े जो भाप बनकर के
वो ज़ाया न गए आँसू,
बनें जज़्बात के बादल
जो बरसे नज़्म फिर बन के।


ये नज़्में भी वफ़ाई में,
उन्हीं का नाम लेती हैं,
"भुला दो दर्द जो उसने दिए"
पैग़ाम देती हैं।

स्वयं

# विस्मृति

कभी मधुर स्मृतियाँ भी
विस्मृतियों में खो जायें,
पर एक सिहरन सी दे जाती,
जो याद अगर वो आये।

यदा-कदा जब शान्त मेरा मन,
उनमें गौते खाए,
तब इस सागर के तल से
कुछ मोती चुनकर लाए।

आज अचानक माटी की
वो सौंधी खुशबू आई,
श्वासों ने सुगंध वो बचपन की,
है नस-नस में दौड़ाई।

कुछ मधुरिम दृश्य याद आ गए,
पहने स्मृति का जामा,
वो मुँहबोली प्यारी नानी,
मौसी और लल्लन मामा।

मानो कितने ही युग बीते,
इन कुछ ही सालों में,
जब प्रेम से माँ मुझको सहलाती,
फेरे उंगली बालों में।

बस मूँद लूँ अब मैं अपनी आँखें,
और विस्मृति में खो जाऊँ,
अर्ध नींद व नेत्र के प्याले,
छिप-छिप नीर बहाऊँ।
नींद की मदिरा, नेत्र के प्याले,
छिप-छिप नीर बहाऊँ।

# निज प्रकृति की पहचान

क्या आसमान बादल को
दे सकता है देश निकाला ?
क्या सूरज के भीतर
जल सकती है द्वेष की ज्वाला ?

क्या कभी चाँद को
शीतलता के लिए मचलता देखा ?
क्या तीव्र भंवर से डर लहरों को
मार्ग बदलता देखा ?

क्या कभी सुरीली कोयल को
संगीत सिखाना पड़ता ?
क्या दीप जला जगमग जुगनू को
मार्ग दिखना पड़ता ?

क्या उगते दिन ढलती शामों को
समय बताना पड़ता ?
क्या किसी जीव को साँस लेने का
हुनर सिखाना पड़ता ?

वायु को किस और है बहना
कौन बताता बोलो ?
जो तेरे गुण अवगुण मानव
आत्म तुला में तोलो ।

जो ज्ञान दीप भीतर तेरे
एक दिन बाहर आएगा ।
अधिक समय उगते सूरज को
ग्रहण ना ढक पायेगा ।

रहे दीप प्रकाशित और प्रचंड
तो तेल पिलाना पड़ता ।
हर आँधी और तीव्र पवन से
उसे बचाना पड़ता ।

तेरे अंदर है सिंह छिपा
ये ना कोई बोलेगा ।
तू शेर है बिल्ली बन बैठा
ये राज़ नहीं खोलेगा ।

क्या वन के किसी जीव को
सोता सिंह जगाता देखा ?
या किसी सिंह को डर गीदड़ से
प्राण बचाता देखा ?

शेर दहाड़े पिंजरे में भी
शोर दूर तक जाए।
सुन वीभत्स ध्वनि प्राणी
पिंजरा भी छू ना पाए।

बस यही प्यास अपने भीतर
हर रोज़ जगानी होगी।
खुद को खुद में खोज नई
पहचान बनानी होगी।
खुद को खुद में खोज नई
पहचान बनानी होगी।

## अंतर्मन: एक रहस्य

एक गुत्थी हूँ,
खुल जाऊँगी तो
प्रेम तुम्हें हो जाएगा,
पर मनन करूँ
फिर हृदय तुम्हारा,
दूजा न किसी को चाहेगा।

एक गूढ़ रहस्य
जीवन का
गर भान तुम्हें हो जाएगा,
तो एक विचार
संपूर्णता का
प्रतिपल मस्तिष्क में छाएगा।

## अंतर्मनः एक द्वंद

साँझ पहर मेरे दोनों मन
बैठ गए बातें करने
शान्त स्वभाव से शान्त सुने
व उग्र लगा क़िस्से गढ़ने।

हम दोनों हैं अभिन्न सखा
जस तू भी मन और मैं भी मन
एक हमारी श्वास ग्रन्थि
और एक हृदय और एक ही तन।

फिर तू है कैसे इतना कोमल
सज्जन इतना व शान्त बड़ा,
कटुता ने मुझको कटु बनाया
पर किंचित प्रभाव न तुझे पड़ा।

कब तक यूँ ही शान्त रहेंगे
अब मनमानी करने दे
ऊब गया चतुराई देख
थोड़ी शैतानी करने दे।

तूने सबको मान दिया
है तुझको मान दिया किसने
तूने उसको भी माफ़ किया
है हर पल छला तुझे जिसने।

तेरे संग मैं पिसता आया
ज्यों गेंहू के संग घुन पिसता
अनदेखा करे मुझे सबके खातिर
क्या मेरा प्रेम नहीं दिखता ।

यें दिन न फिर वापस आएंगे
एक दिन खेद करगा तू
मेरी बोली हर वाणी को
उस दिन विच्छेद करेगा तू ।

इतने दर्द भरे हैं अंदर
जिस दिन बाहर आएंगे
नभ से अंगारे बरसेंगे
मुख ज्वालों के फट जाएंगे ।

न क्रोध करो हे सखा मेरे
हो उग्र मगर, नादान हो तुम
अब बोल चुके तो मैं बोलूँ
बस अब चुप रहकर ध्यान से सुन ।

तुम मुझको शायद समझ न पाए
भान मुझे भी है सबका
सरल हूँ लेकिन मूर्ख नहीं
संज्ञान मुझे भी है सबका ।

हाँ मुझको भी है भान सखा
क्या पा सकता था जो छूटा है,
पर जो पाया कहीं खो न दूँ
ये डर भी तनिक न झूठा है ।

कुछ पाने को सब कुछ खो दूँ
इसमें भी भला क्या अच्छा है?
जो है उसमें संतोष करो
पर ये संकल्प भी सच्चा है ।

हाँ मानता हूँ जो दिन बीते
वो वापिस कभी न आएंगे,
पर स्वच्छ मार्ग में प्रकाश-गति सम
जो छूटा वो पा जाएंगे।

लोहे को लोहा बन काटो
तो ठेस तुम्हें भी आएगी
बस आग बनो और पिघला दो
नहीं आंच तुम्हें झुलसाएगी।

जो मेरे लिए कभी न बदला
उसे देख मैं खुद को क्यूँ बदलूँ
वो सब वामन हो जाएंगे
बस अर्श तलक ऊँचा कद लूँ।
बस अर्श तलक ऊँचा कद लूँ।

# रेत

हर रोज़ ज़िंदगी को
भर-भर समेटती हूँ,
हाथों से रेत सी ये
पर फिसली जा रही है।

हूँ दौड़ती बहुत मैं
कि रोक लूँ समय को,
पर वक़्त की ये गाड़ी
बस निकली जा रही है।

हैं काम भी बहुत से
करने अभी जो बाक़ी
फ़ेहरिस्त भी ये उनकी
अब छिछली जा रही है।

एक सर्द दिन के जैसी
छोटी सी ज़िंदगी ये
हर घूंट में समय को
बस निगली जा रही है।

# लहरें

ज्वार संग लहरे उठी
और अर्श चूमा,
थम गई।
ज्यों श्वास की डोरी
में मानो प्राणवायु
बंध गई।

# बचपन के क़िस्से

कुछ क़िस्से मैं बीन के लाई
हूँ बचपन की गलियों से,
जैसे इंद्रधनुष की माला
गूँथी हुई है कलियों से।

छोटी सी बातें होती थी
और कोमल से सपने थे,
ना माने वो बैरी लगते,
सच कर दें वो अपने थे।

जो "गंभीर" थे मसले
उन पर हँसी आज आ जाती है,
उदासीन फुर्सत के पलों की
यादें बहुत सताती हैं।

तब चिड़िया की चीं चीं से
आँखें खुद ही खुल जाती थीं,
खूब मूंद कर लेटो लेकिन
नींद नहीं फिर आती थी।

आज नगाड़ों की आवाज़ें,
बिना छुए गुम जाती हैं,
चार बार जब बजे अलारम,
नींद तभी खुल पाती है।


एक बार की बात बताऊँ
तब बचपन भी बच्चा था,
सात साल के बच्चे का
सोचो मन कितना सच्चा था।


तब खिड़की में बैठी बाहर
बारिश ताक रही थी मैं,
अर्श से धरती तक बूंदों की
दूरी नाप रही थी मैं।


जब तीव्र हवा बौछारों को
मेरे चेहरे तक लाती थी,
सौंधी खुशबू माटी की फिर
साँसों में घुल जाती थी।


बड़ा मनोरम, स्वच्छ दृश्य था
पत्ता-पत्ता गीला था,
बारिश रुकने वाली थी अब
आसमान भी नीला था।


छूने में कैसे होंगे
वो पत्ते, सोच रही थी मैं,
कौन बहाने बाहर जाएं,
अवसर खोज रही थी मैं।

तभी एक बच्चों की टोली,
बाहर मुझे बुलाती है,
पत्ते पे उठा एक रेंगता केंचुल
कहकर सांप दिखाती है।

भोला मन भोला बचपन,
यूँ सर्प देख हैरान हुई,
बाहर जा उसको पकड़ा,
निज साहस की पहचान हुई।

ले गर्व वो आँखों में सोचा,
कि आगे और बढ़ेंगे हम,
क़िस्से कितने वीरता के
न जाने आज गढ़ेंगे हम।

फिर एक तालाब था कीचड़ का,
उसको कूदे और फांद गए,
बरसाती नदियाँ कितनी
बस यूँ ही हम छलांग गए।

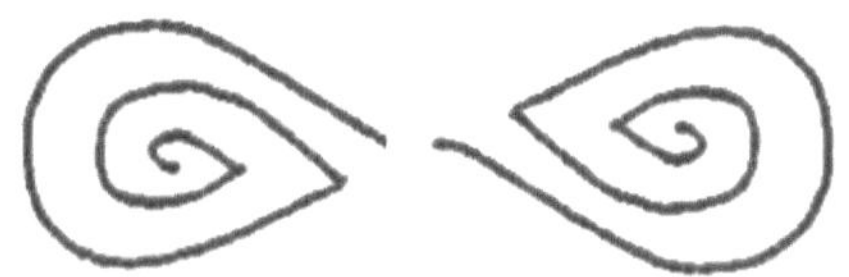

# सम्बन्ध

## शब्दजाल

कुछ शब्द जो मुख से छिटक गए,
जा गिरे शब्द के ढेरों पर।
फिर शब्दों ने शब्दों को खोदा,
एक नींव धरी उनके ऊपर।
जो कभी व्योम सा विस्तृत था,
अब वहाँ बिखर गया शब्दकोश।
जब शीश उठाकर देखा तो,
वहाँ महल खड़ा था शब्दों का।

मुख शब्दहीन, मैं अर्थहीन,
कैसे, क्योंकर अब बोलूँ मैं?
जो शब्द निकलकर छूट गए,
अब उनको कहाँ टटोलूँ मैं?
विस्मित, विचलित सी ताक रही,
कोई शब्द नहीं थे कहने को,
तब शब्द महल से गूंज उठे,
"बस रहने दो, बस रहने दो!"

अब व्योम घिरा था शब्दों से,
पर मुख तो व्योम सा शून्य था,
टकटकी नयन जल सूख गया,
अब सब प्रस्तर के तुल्य था।

क्या भ्रमजाल रचाया शब्दों ने,
कैसी माया रच डाली है,
मानों अमृत्व का पान किए,
न इनका कोई हवाली है,
न इनका कोई हवाली है।

# साथ दो गर तुम

साथ दो गर तुम कुछ पल का
तो मैं व्यापक हो जाऊँ,
कभी तरु की मंद मलय
कभी सर्व दिशा में छाऊँ।
साथ दो गर तुम कुछ पल का

कभी किरण और कभी तपन,
तो कभी प्रकाश बन जाऊँ,
कभी चंद्र की बनके चंद्रिका
भटकों को मार्ग दिखाऊँ।
साथ दो गर तुम कुछ पल का

कभी वाष्प तो कभी ओस,
कभी नयन नीर बन जाऊँ,
कभी मृदुशीतल जल बनकर,
प्यासे की प्यास बुझाऊँ।
साथ दो गर तुम कुछ पल का

कभी घाट तो कभी किनारा,
कभी मैं तट बन जाऊँ,
कभी गुज़रती नौका की
अंतिम मंज़िल कहलाऊँ।
साथ दो गर तुम कुछ पल का

कभी पवन कभी प्राणवायु,
कभी प्रलय आँधी बन जाऊँ,
हर शुष्क, भावशून्य व निष्ठुर
कानन में अगन लगाऊँ।
साथ दो गर तुम कुछ पल का

कभी भाव और कभी पंक्ति
तो कभी छंद बन जाऊँ,
कभी हृदय की गहराई से
हर बात अधर तक लाऊँ।
साथ दो गर तुम कुछ पल का

कभी सरोवर कभी ताल,
तो कभी झील बन जाऊँ,
कभी प्रतिपल बहती धारा बन,
सागर में लीन हो जाऊँ।
साथ दो गर तुम कुछ पल का

## चाँदनी

प्रिय, मैं चाँदनी तेरी,
कि तुझमें ही समाऊँगी,
अंधेरी राह उजलाकर
मैं वापिस लौट जाऊँगी।

प्रियवर! ध्यान से सुनना,
धरा ये खूबसूरत है,
तिमिर न रूप ये निगले,
तेरी मेरी ज़रूरत है।

कि तेरी शीत का आँचल
मैं यूँ इस पर फैलाऊँगी,
कि बादल गरम आंहों के
सब इसमे बांध लाऊँगी।

प्रियवर! बात ये मेरी
अछूती है नहीं तुझसे,
वहाँ बात तेरे सौन्दर्य की,
करते सभी मुझसे।

अनूठी है छटा तेरी,
है अद्भुत सी तेरी छाया,
वहाँ भी शीत तू भर दे
जहाँ था धूप का साया।

हैं बाक़ी जो प्रहर सारे
वो संग तेरे बिताऊँगी,
कि मधुरिम ओस बिखराके
मैं वापिस लौट जाऊँगी।

प्रिय, मैं चाँदनी तेरी,
कि तुझमें ही समाऊँगी।

## भावों के मोती

मेरा हर भाव एक मोती,
पिरोऊँ प्रेम धागे में,
ये धागा रेशमी डोरी
है रिश्तों की बड़ी नाजुक।

हैं नाजुक तो ये मोती भी,
जिन्हें बांधा है रिश्तो ने,
न टूटे, न पड़े गांठें,
सँजोया है यूँ रहकर चुप।

है चुप रहना मेरी आदत,
तो इसमें क्या बुराई है?
कला हर भार सहने की,
धरा से मुझमें आई है।

है आइ तो वो हलचल भी
जो पर्वत चीर देती है,
मगर फिर झाँक कर देखो
तो सूनेपन कि खाई है।

ये सूनापन तो हालांकि
छूए अब सारी ऊँचाई,
कभी सूना लगे अम्बर,
कभी सागर की गहराई।

कि गहराई में सागर की,
हज़ारों सीपियाँ रहतीं,
बनाकर भावों के मोती,
हैं मुझसे बस ये कहतीं।

हैं कहती आओ ले जाओ,
न रुकना बात ये सुनकर,
बहुत अनमोल मोती हैं,
तो ले जाओ इन्हें चुनकर।

तो चुनकर वो सभी मोती,
मैं फिर से बैठ जाती हूँ,
वही धागा है रेशम का,
वही माला बनाती हूँ।

वही धागा है रेशम का,
वही माला बनाती हूँ।

## शब्दों की माला

हर एक पंक्ति शब्दों से
यूं जुटी हुई है,
ज्यों सप्तवर्ण पुष्पों की
माला गुथी हुई है।

सार हैं इसके वृहद
भले लघुतम दिखती है,
अनमोल सीख देती है
मोल में कम बिकती है।

पुष्प पिरे धागे से
शब्द पिरे वाणी से ,
शब्द जियें भावों से
पुष्प जियें पानी से।

शूल एक भी गर
माला में जो पिर जाए,
तो सब पुष्पों का कैसे
देखो मान घटाए।

त्यों प्रति शब्द पुष्प का
अपना महत्व निराला ,
एक कुसुम मुरझाए
कर दे दूषित माला।

कंटक सम कटु शब्द
जो वाणी में गुँथ जाए ,
बन तीर पंक्ति के
गर अधरों से छूट जाए,

तो छेदन कर हृदयों में
घाव गहन करते हैं ,
बूटी कितनी भर लो
किंचित न भरते हैं।

अत अनमोल शब्द रखो
पुष्पों से कोमल ,
कर माला में अंकित
रहें सुगंधित हर पल।

## प्रतीक्षा

बीता समय
वो खो गए,
नयनों से
अश्रु धो गए।
है टकटकी पथ पर लगी
फिर नयन भी
पथ हो गए।

# दुनियादारी

उन्होंने
दुनिया को
नज़दीक से बहुत देखा ,
और हमने ?
नज़दीकियों में
दुनिया देख ली सारी।
अपनों के बीच
पराए बन के रह लिए हम ,
फिर भी
हुए ना लफ़्ज़
ये कभी भारी।

## अंकुरण

वो बीज
मिट्टी में पड़े
फिर अंकुरित भी हो गए ,
दो नयन पट
ज्यों ही खुले
धारा से जल की खो गए।
फिर बीज
मिट्टी में डले
जल, खाद, किरणों से पले ,
हों अंकुरित
इंतज़ार है।
गमले नए तैयार हैं।
समझे हो कुछ
या बोल दूँ ,
क्या राज़ सारे खोल दूँ ?
ये मनस का व्योहार है,
जीवन का
बस ये सार है।

## पुनरारम्भ

जीवन की नयी शुरुआत तो कर,
आ बैठ के मुझसे बात तो कर,
खोई मिठास जो रिश्तों की,
उसका फिर से एहसास तो कर।

जब चुरा के कुछ पल प्रहरों से,
भावों को रोज़ उड़ेलेंगे,
तो अंतर्मन निर्मल होंगे,
संताप अधर पर ले लेंगे।

न मौन रहेंगी पीड़ाएं,
हृदयों में मकाँ चिन बैठी हैं,
रोशनदानों को बंद किये
जो पड़ी घुटन में रहती हैं।

हैं सुप्त पड़े जो मनोभाव,
हो जाग्रत फिर से खेलेंगे,
कर अभ्यास प्रतिदिन का
पुनः तीव्र गति ले लेंगे।

जो स्वप्न नयन से दूर हुए,
व्याकुल मन की जिज्ञासा में,
आ फिर आह्वान करें उनका
एक प्रेम-पगी सी भाषा में।

हैं क्षीण पड़ी जो आशाएँ,
रोज़ निराशा से लड़कर,
आ पुनर्विचार करें उन पर
उत्साह नया उन में भरकर।

इस पुनरारम्भ की शैली को,
अब जीने का प्रयास तो कर,
रिश्तों को नयी परिभाषा दें,
आ बैठ के मुझसे बात तो कर।
जीवन की नयी शुरुआत तो कर।

# घाव

शब्दों के वो घाव अजी हाँ,
बहुत बड़े हैं,
रोज़ करो मरहम-पट्टी पर
नहीं भरे हैं।

समय-समय पर ठेस घाव पर
जो लग जाए,
होने से पहले ठीक घाव
फिर से पक जाए।

पर घाव, घाव और घाव में
भी होता है अन्तर,
मिले कभी जब शस्त्र, शल्य,
शब्दों से अक्सर।

प्रेरणा

## है विजय अखण्ड

है विजय अखण्ड देखो
बिखरा लाल रंग देखो
राहें जय के घोष से हैं भर गईं
रक्त-रंजिनी धरा है
दर्द हर्ष में भरा है
मातृभूमि आज दुर्गा बन गई।
है विजय अखण्ड ...
बिखरा लाल रंग ...

दीप जले रहें चिता के
अश्रु बह रहें पिता के
टूटी चूड़ियों से भूमि साज गई,
हर्ष है, विषाद भी है
और कहीं आह्लाद भी है
बूढ़ी सिसकियों में शामें ढल गई।
शंख नाद ब्याज रहे हैं
और मृदंग सज रहे हैं
माटी रक्त मिल गुलाल बन गई।
सूनी मांगें दुल्हनों की,
अंत कथा ये रणों की
उजड़ी कोख भी मिसाल बन गई
धूमिल अर्श हो रहे हैं
बाल लाल रो रहे हैं
रण की भूमि काल गाल बन गई।
है विजय प्रचंड ...
बिखरा लाल रंग ...

हर दिशा में वीर रस है
शत्रु हार की तपस है
दैत्य-मस्तकों की माल बन गई
विजय तिलक हो रहे हैं
सिंह भी मुख को धो रहे हैं
कल्पना की प्रेम-कथा जल गई
चारों और कौतूहल है
दल प्रबल है बल प्रबल है
चंडी रक्तबीज को निगल गई।
घोर अंध घट रहे हैं
भय के मेघ छट रहे हैं
दुर्ग की प्राचीर फिर से सज गई
शौर्यगान गूंज रहे
चींख कर प्रमाण कहें
कितने वीरता के छंद रच गई।
है विजय प्रचंड ...
बिखरा लाल रंग ...

## ज़रूरी है

तेरे हर लफ़्ज़ को सौ बार कभी चूमा है,
तेरे हर ख़त को सीने से लगाया मैंने,
फूल जब भी किताबों से निकाले हैं,
ज़र्रा-ज़र्रा अश्कों से भिगाया मैंने।

तेरे खामोश होंठों का
चहकना भी ज़रूरी है,
कि फिर से ढलती शामों का
महकना भी ज़रूरी है।
ज़रूरी है कि हम मिलकर
गिले सब दूर अब कर लें।
झगड़ के फिर से नज़रों का
बहकना भी ज़रूरी है।
तेरे खामोश ...

कभी न भूल पाएं हम
वो दिन जब दिल लगाया था,
चुराया था जो दिल हमनें भी
अपना दिल लुटाया था।
मेरे भीतर जो दिल तेरा
बड़ा अफ़सोस करता है,

कहीं तुम मांग लो वापिस,
छिपा, सहमा है, डरता है।
बताना सीने में तेरे मेरा दिल
कहता है क्या कुछ?
कि दिल में झुलसे हर ग़म का
दहकना भी ज़रूरी है।
तेरे ख़ामोश ...

नहीं बदली अगर सूरत
जो यादें भी वहीं सुन्न हैं,
है वापिस आना मुझको भी,
नहीं रहना तुम्हें गुम है।
मुहब्बत में वफ़ा है बस
दग़ा का नाम मत लेना,
है मंजिल एक ही अपनी,
कि काफ़िर बोल मत देना।
कि सपनों का बना कर घर
वहीं जी लेंगे, मर लेंगे,
कि मरके संग रूहों का
गहकना भी ज़रूरी है।
तेरे ख़ामोश ...

## कहाँ गुम है वो दीवाना

कहाँ गुम है वो दीवाना
जिसे पागल भी कहते थे?
कहाँ जाने वो खोया है?
कहाँ जाने भटकता है?
कि धरती की बेचैनी को
न अब बादल समझता है।

कि रहकर धूप में प्यासी
ये धरती पड़ गई काली,
बहुत आँसू से सींचा तो
ही पाई थोड़ी हरियाली।
कि मंज़र देखकर ऐसा
न सीना उसका फटता है,
न अब बादल गरजता है,
न अब सावन बरसता है।

खड़े हैं पास में लेकिन
ये दूरी दरमियाँ कैसी?
ये खाई बन गई कैसे,
न मैं, न तू समझता है।
कि धरती की बेचैनी को
न अब बादल समझता है।

पुकारे आँख में चढ़ कर
कि अब वो खूँ नहीं रिसता,
अंधेरा ही अंधेरा है,
कहीं जुगनू नहीं दिखता।
है बाक़ी कुछ मुहब्बत में
नुमाइश जो नहीं करते,
अधिकतर बात वरना चाँद
के दागों पे सब करते।

ये एहसासे मुहब्बत बन
चुके क़िस्से कहानी हैं,
न अब कोई कबीरा है,
न मीरा सी दीवानी है।
मेरी आँखें भी अब तो
सूखकर चट्टान बन बैठी,
कि मोती के शिला बनने
की एक लंबी कहानी है।

कि पीड़ा उस समंदर की
है फूटी ज्वार अब बनकर,
वो मोती अश्कों के प्रस्तर
बने अब दर्द में दबकर।
तेरी चाहत को दुल्हन भी
बनाया था प्रिय सुन लो,
तुझे अपना बनाया तू न
रह पाया मेरा बनकर।

कि लहरें थक गईं अब राह में
दिलबर की चल चल कर,
थमा सागर भी भावों का
क्यों न कोई समझता है।
कि सागर की बेचैनी को
न अब साहिल समझता है,
कि लहरों की तड़प को अब
नहीं साहिल समझता है।

न अब बादल गरजता है,
न अब पानी बरसता है,
कहाँ गुम है वो दीवाना?
कहाँ जाने भटकता है?
कहाँ खोया वो पागल सा?
कहाँ जाने? न दिखता है।

# कवयित्री के बारे में

पूर्णिमा संघी 'इमा' कवयित्री होने के साथ-साथ एक कलाकार भी हैं, एक टीचर भी, और एक माँ भी। कविताएँ तो आपने पढ़ ही ली हैं। कला में वे पेंटिंग, खासकर ऑइल पेंटिंग, में महारत रखती हैं। इंग्लिश लिटरेचर में एम ए, एम फिल और पी एच डी हैं और इंग्लिश ग्रामर और लिटरेचर पढ़ाती है। (YouTube पर इनके चैनल "Poornima Coaching Classes" को कई लाख Views मिल चुके हैं।) इसके साथ-साथ पूर्णिमा दो बच्चों की माँ भी हैं और अपने परिवार के साथ मोदीनगर, उत्तर प्रदेश में रहती हैं।

Email ID: mssanghi@gmail.com

www.ingramcontent.com/pod-product-compliance
Lightning Source LLC
Chambersburg PA
CBHW062216150726
47991CB00006B/2308